VOU CONTAR PRA VOCÊS O QUE MEU PAI DIZIA
QUE CAMINHO BOM É CAMINHO LONGO
COM MELHORIA LONGE DOS PERIGO
QUE JÁ ACONTECERAM LÁ NO QUILOMBO
MAS QUE TÃO PRA NOS ALERTAR
QUE DA VIDA, SE NÃO SONHAR, SÓ SOBRA OS TOMBO

1/20

 POR FILIPE GRIMALDI **BbB**
Bebel Books

PASSARINHO PIA NA MATA LONGE
COM CERTEZA AQUI É MEU LUGAR
PUREZA DO RIO LAMBE A RAIZ
EU SÓ PENSO EM ME CRIAR
PLANTO O QUE TEM, RECLAMO NÃO
PRA NÓS O IMPORTANTE É CONQUISTAR

2/20

 POR FILIPE GRIMALDI **BbB** Bebel Books

LÁ FORA LENHA TINHA CHEIRO DE BICHO
ESSES QUE DE LONGE SENTIA MEU CHEIRO
QUE SAÍA DAS JANELA DA CABANA
E QUE TINHA UM ARRASTADO VERDADEIRO
DE POVO TRABALHADOR DA ROÇA
QUE TINHA CHEGADO ALI PRIMEIRO

3/20

 POR FILIPE GRIMALDI **BbB** Bebel Books

MAMÃE DIZIA QUE O LAR ERA SAGRADO
PEDAÇO DE TERRA BANHADO DE AMOR
PAPAI CHORAVA MIÚDO DE SÁBADO
TINHA BASTANTE LUGAR PRA SUA DOR
PAI E MÃE BEIRA DE ALMA
SAUDADE LATENTE, ATRASADO EU VOU

4/20

 POR FILIPE GRIMALDI

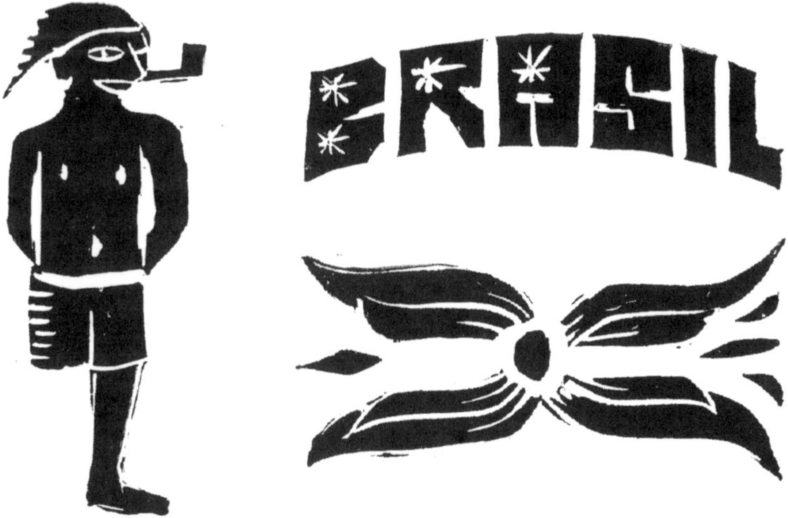
BRASIL

ESQUECIDO QUE SOU DEIXEI ESCAPAR
MORO NUM PEDAÇO QUE CHAMA BRASIL
TERRA GRANDE, CHÃO BOM
COALHADA DE GENTE GENTIL
CASO INTERESSE A LOCALIZAÇÃO
FAÇA O FAVOR DE SER SUTIL

5/20

CORDEL SAUDADE POR FILIPE GRIMALDI **BbB** Bebel Books

NA MINHA TERRA O SOL LAMBE O COURO
VEZ EM QUANDO TEM BENÇÃO DA CHUVA
QUE LAVA OS PÁSSAROS E AS ÁRVORES
MAS TAMBÉM TRAZ CHORO FORTE DE VIÚVA
PORÉM NEM REPARO NO MOLHAÇO
SABENDO QUE A NOITE VESTE QUE NEM LUVA

6/20

 POR FILIPE GRIMALDI

SAUDADE MESMO TENHO DO SAL
DO GLORIOSO E SÁBIO MAR
CUIDADOSO, RESPEITO A FUNDURA
NATUREZA SINTO VONTADE DE NADAR
LUGAR PREFERIDO E PROTEGIDO
DE NOSSA MAMÃE IEMANJÁ

7/20

 POR FILIPE GRIMALDI **BbB** Bebel Books

SOL A SOL, LUA A LUA
NOSSA VIDA É O TRABALHO
RALANDO, TRAZENDO, PLANTANDO
PRA QUE NÃO FIQUE SÓ O CASCALHO
E O TAL DO LEÃO NOS ARRASTE
PRA PERTO DE OUTRO CHOCALHO

8/20

CORDEL SAUDADE   POR FILIPE GRIMALDI

COMO DISSE MAMÃE NA MINHA DATA
O BICHO NÃO PEGA PRA QUEM CORRE
IDEIA TEIMOSA NO VÍCIO DA VÉIA
PRA MANTER NELA A CABEÇA FORTE
QUE ARRASTA A SANDÁLIA PRO MEIO DA ROÇA
ACHANDO QUE A VIDA SÓ TEM UM NORTE

9/20

 *POR FILIPE GRIMALDI*

DE TODOS OS FESTEJO E CORTEJO
DOU A CORDA A BUMBA MEU BOI
PROTEGIDO BOI SARAVÁ
ILUMINANDO OS CAMINHO DONDE ELE FOI
QUE DA NOSSA TERRA DEIXOU MARCA
DIZENDO NÃO ERA UM, ERA DOIS

10/20

 POR FILIPE GRIMALDI **BbB** Bebel Books

BREGA

APARELHO DE SOM QUE TOCA MACIO
DO AXÉ A MEU SAUDOSO BREGA
QUE JÁ ME DERRETO DE PENSAR
IMAGINANDO QUENTE AQUELE ESFREGA
QUE DANÇO GOSTOSO COM A IAIÁ
QUE DE MULHER AGORA VIROU COLEGA

11/20

CORDEL SAUDADE POR FILIPE GRIMALDI **BbB** Bebel Books

PIADO GOSTOSO VEIO DO MATO
VEJO OS BICHO NO BANHO DE LUA
QUE VIM CHARMOSO A DIZER
NÃO É MINHA, É TAMBÉM SUA
MAS QUE NOS SONHOS TÁ CLARO
QUE EUZINHO SÓ TE VEJO NUA

12/20

CORDEL SAUDADE POR FILIPE GRIMALDI  Bebel Books

PRA MIM ONDE TEM TERRA É LUGAR
ONDE TEM CÉU TEM PULMÃO
MAS TEM QUE TOMAR CUIDADO
SE O QUE CONSTRÓI NÃO É ILUSÃO
FICA DOIDO PROCURANDO O RABO
E BOM MESMO ERA SÓ TER CHÃO

13/20

CORDEL SAUDADE   POR FILIPE GRIMALDI

ONDE A PESSOA FAZ TURMA
NÓIS AQUI CHAMAMO DE VILA
MONTOADO DE CASA, VIELA E RUA
QUE QUANDO A BRISA BATE CINTILA
MAS QUE QUANDO O DIA NASCE
VOLTA A LAMBER MINHA PUPILA

14/20

 POR FILIPE GRIMALDI

UMA COISA QUE NÃO DESEJO
É O INFERNO DA VOLTA DA SECA
QUE TIRA DA BOCA DO POVO
O SABOR DELÍCIA DA MOQUECA
QUE FAZ LEMBRAR DA MINHA AVÓ
IGUAL MENINA BEIJA A BONECA

15/20

 POR FILIPE GRIMALDI

GRANDE MESMO NA MINHA SAUDADE
VOLTO EU A FALAR DO MATO
QUE DEDIQUEI A MINHA VIDA
COLHENDO, CAÇANDO E VIVENDO OS FATO
QUE DA TERRA ONDE EU CRESCI
SOU DE VERDADE HOMEM GRATO

16/20

 POR FILIPE GRIMALDI **BbB**
Bebel Books

ME LEMBRO DO DIA
EM QUE O MÊS SÓ CHOVEU
A FELICIDADE ERA TANTA
QUE NOIS NÃO COMEU, SÓ BEBEU
ABUNDÂNCIA DA ÁGUA REFRESCA
DAQUELA VIDA SÓ QUEM VIU VIVEU

17/120

CORDEL SAUDADE POR FILIPE GRIMALDI

BbB
Bebel Books

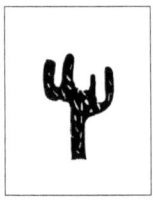

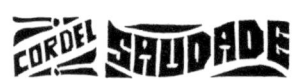

ANTES QUE ME ESQUEÇA
BORA FALAR DE MINHA GENTE
POVO UNIDO, AMADO, CARINHOSO
QUE NO PIOR DA VIDA TÁ CONTENTE
BATUCOU, CHAMEGOU E DANÇOU
MOSTRANDO QUE A VIDA É PERMANENTE

18/20

 POR FILIPE GRIMALDI **BbB**
Bebel Books

☆ BRASIL ☆
AMOR ♥ BREGA

DESSE MEU AMADO BRASIL
SÓ TE LEVO O MEU AMOR
QUE FALTA COMIDA E ESCOLA
MAS NÃO LHE FALTA CALOR
E NA NATUREZA EXUBERANTE
FAZ DA SENHORA UM ESPLENDOR

19/20

 POR FILIPE GRIMALDI

Bebel Books

ESSE É O ÚLTIMO PEDAÇO
DO MEU QUERIDO CORDEL
QUE SERVIU DE MIM PRA VOCÊ
COMO NO CASAMENTO UM ANEL
TENTANDO LHE OFERECER
UM PEDACINHO DO MEU CÉU

20/20

 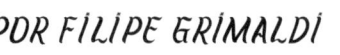

POR FILIPE GRIMALDI

BbB
Bebel Books